Michael Mary

Hilfe – mein Partner ist eifersüchtig

Der Umgang mit eifersüchtigen Partnern

AF547636

Michael Mary

Hilfe – mein Partner ist eifersüchtig

Der Umgang mit eifersüchtigen Partnern

ISBN Epub 978-3-926967-52-7

Print: ISBN 978-3-926967-53-4

© 2017 by Henny Nordholt Verlag Testorfer Str. 2 D 19246 Lüttow

Besuchen Sie die Homepage (http://michaelmary.de) des Autors, dort finden Sie weitere Bücher und Hinweise auf seine Arbeit.

Dieses Buch ist Teil der Reihe "Hilfe, mein Partner …", in der die folgenden 10 Bücher erscheinen, von denen jedes als E-Book und als gedrucktes Buch erhältlich ist:

- Hilfe mein Partner ist … dominant
- Hilfe mein Partner ist … tut nichts im Haus
- Hilfe mein Partner ... klammert
- Hilfe mein Partner ist … eifersüchtig
- Hilfe mein Partner ist … ist langweilig
- Hilfe mein Partner ist … lässt sich gehen
- Hilfe mein Partner ist … nimmt mich nicht wahr
- Hilfe mein Partner ist … streitet sich zu gern
- Hilfe mein Partner ist … zieht sich zurück
- Hilfe mein Partner ist … hat keine Lust auf Sex

Hinweise zu Copyright + Preisen unserer E-Books

Wir haben die Preise unserer Ebooks am absolut unteren

Ende kalkuliert. Hier ein Überblick über Kosten, die der Preis abdecken muss. Vom Verkaufspreis gehen ab:

- 19% MwSt.
- Anteil E-Book-Shop (z.B. 30% beim Apple-Store).
- Anteil Bezahlsystem (PayPal etc.).
- Anteil E-Book-Konvertierung.
- Kosten Video-Herstellung, Rechnungsstellung und Buchführung.
- Kosten Internetprovider, Werbung und Vertrieb.
- Honorar Autor.
- Steueranteil des Verlages.

Sie sehen, dass in der Kalkulation kein Spielraum mehr vorhanden ist. Wenn Sie wollen, dass es unserem Verlag und dem Autor zukünftig möglich sein soll, weitere Ebooks zu vertreiben, dann sehen Sie bitte von illegalen Kopien unserer Ebooks ab. Seien Sie fair! Darüber hinaus gilt: Dieses Ebook ist mit einem unsichtbaren Wasserzeichen als Kopierschutz versehen. Es ist verboten, Kopien dieses Ebooks anzufertigen und/oder zu vertreiben. Wir werden jeden Missbrauch zur Anzeige bringen.

Inhalt

Impressum

Allgemeine Bemerkungen zum Thema Partnerschaft

Erkenntnisteil

- **Auslöser der Eifersucht**
- **Formen der Eifersucht**
- **Blick auf den eifersüchtigen Partner**
- **Blick auf den von Eifersucht betroffenen Partner**
- **Versuchte Lösungen**
- **Umgang mit eifersüchtigen Partnern**
- **Konsequenzen ergreifen**

Arbeitsteil

- **1) Eine nervende oder eskalierende Situation**
- **2) Das eigene Verhalten reflektieren**
- **3) Alternativen zum eigenen Verhalten entwerfen**
- **4) Situationen meistern**
- **5) Erfolge bilanzieren**

Über den Autor

Allgemeine Bemerkungen zum Thema Partnerschaft

Die E-Book-Reihe „Hilfe – mein Partner ...“ bietet einen konkreten und lebensnahen Ansatz, mit dem jeweiligen Beziehungsthema umzugehen. Dazu finden Sie erprobte Hinweise zur Betrachtung und Erforschung der Situation; und darüber hinaus Anregungen zu einem anderen Umgang mit Ihrer Lage.

Wie beim Thema Beziehung und Partnerschaft nicht anders zu erwarten ist, müssen Sie sich an die eigene Nase fassen, wenn Sie etwas ändern wollen. Natürlich ist es hilfreich, wenn der Partner mit am gleichen Strick zieht. Unabdingbar ist das aber nicht. Denn wenn einer sein Verhalten ändert, kann der Andere seines nicht beibehalten, jedenfalls nicht lange. Sie haben es also selbst in der Hand.

Beobachtungs-Asymmetrie

Partner in einer Liebesbeziehung stehen beinah ständig unter Beobachtung durch den anderen. Daher kann ein Partner im Konfliktfall recht genau beschreiben, was der andere tut und sagt und ebenso, was sein Gegenüber nicht tut, aber wünschenswerter Weise eigentlich tun sollte. Wie der Partner sich verhält, das hat man vor Augen, das sieht man, davon ist man betroffen, darüber freut oder ärgert man sich. Den anderen zu beobachten, gar ihn kritisch unter die Lupe zu nehmen, das stellt meist kein Problem dar.

Sich selbst zu beobachten ist naturgemäß unendlich schwieriger. Zwar spricht alle Welt davon, der Partner sei ein Spiegel oder er halte einem den Spiegel vor, doch wenn man ihm gegenüber steht und ihn ansieht, dann schaut man auf einen anderen Menschen - und keineswegs direkt auf sich selbst.

Beziehungen weisen insofern eine Besonderheit auf, die man als eine “Beobachtungs-Asymmetrie” bezeichnen kann.

Das eigene Verhalten zu beschreiben gelingt daher nie in der Schärfe, Klarheit und Detailgenauigkeit, mit das für das Verhalten des Partners zutrifft. Sich selbst zu beobachten stellt durchaus ein Problem dar.

Die Beobachtungs-Asymmetrie hat zur Folge, dass jeder Partner glaubt, der andere habe eine unliebsame oder schwierige Situation zu verantworten, jedenfalls mehr als man selbst; und daher läge es auch an ihm, sie zu verbessern. Partner erwarten generell, der andere solle sein Verhalten ändern, er soll etwas Bestimmtes lassen und statt dessen etwas anderes tun.

Verständlich ist diese Erwartung durchaus, sie lässt jedoch eine simple Tatsache außer Acht: die Tatsache, dass sich das Verhalten der Partner gegenseitig bedingt. Was der eine tut, ist Reaktion auf das, was der andere tut, jedenfalls immer dann, wenn es sich um eingeschliffenes Verhalten handelt, und um solches geht es in jedem Band dieser Ebook-Reihe. Dieser Zusammenhang gilt ohne Ausnahme.

Reaktionen bringen Reaktionen hervor

Man kann eine Beziehung auf eine sehr nüchterne und einleuchtende Weise definieren: Eine Beziehung ist die Geschichte der gegenseitigen Reaktionen zweier Partner aufeinander.

Der eine sagt oder tut etwas – der andere reagiert darauf – was den anderen zu einer Reaktion bringt – auf die der andere reagiert – usw. Diese Reaktions-Reaktionen fangen im ersten Augenblick des Kennenlernens an, und solange Partner aufeinander reagieren, befinden sie sich, unabhängig von der Qualität der Reaktionen, in Beziehung zueinander. Unter Umständen ein Leben lang.

Betrachtet man langjährige Beziehungen wird schnell klar, wie wenig vorhersehbar die gegenseitigen Reaktionen auf Dauer sind. Worauf der Partner anfangs mit Freude reagierte, das nervt ihn später womöglich. Wie sein Partner auf diese Genervtheit reagieren wird, davon kann er sich überraschen lassen, und von seiner eigenen Reaktion auf diese Reaktion ebenfalls ... und so weiter und so fort.

In dieser Unvorhersehbarkeit von Reaktionen liegt der Grund, warum man weder die Dauer noch den Verlauf einer Beziehung vorhersagen kann. Nur in einem Fall lassen sich die Reaktionen der Partner aufeinander recht treffsicher voraussagen: Im Fall, dass bestimmte problematische Reaktionen aufeinander eingeschliffen sind und jeder auf gewohnte Weise reagiert.

Das Problemverhalten der Partner bedingt sich gegenseitig

Reaktionen schleifen sich dann ein, wenn weder dem einen noch dem anderen Partner eine andere oder bessere Antwort einfällt, und jeder in seiner Hilflosigkeit auf erlerntes und gewohntes Verhalten zurückgreift. Dann reagieren sie stereotyp aufeinander, selbst wenn nichts Gutes dabei herauskommt oder wenn die Beziehung sogar Schaden nimmt.

In solchen Fällen hört man Partner einander vorwerfen: „Wenn du nicht X tun würdest, müsste ich nicht Y tun“. Die sofortige Rückgabe lautet dann: „Ich tu ja Y nur, weil du X machst“. Oder in dieser Variante: „Lass du Y sein, dann brauch ich nicht X zu machen.“

Die Wahrheit ist: Ist Verhalten erst einmal aufeinander einspielt, schaukeln sich die Reaktionen der Partner gegenseitig hoch.

Je mehr der eine X tut, desto mehr antwortet der andere mit Y. Zum Beispiel: Je mehr der eine schweigt, desto bohrender werden die Fragen des anderen, und je mehr der bohrt, desto schweigsamer wird sein Gegenüber.

Die Partner sind dann in einem Kreislauf oder einer Spirale sich gegenseitig bedingender Reaktionen gefangen, aus dem sie keinen Ausweg finden. Jeder sieht sich vom Verhalten des anderen bestimmt, ohne sein eigenes Verhalten zu erkennen, geschweige denn es verändern zu können. Jeder glaubt keine andere Wahl zu haben, als sich so und nicht anders zu verhalten. Jeder fühlt sich vom anderen gezwungen.

Die problematische Beziehung ist jedoch keinesfalls durch eine Person verursacht, etwa dadurch, dass der eine oder andere Partner “so ist”, denn gegenüber einer anderen Person kann er sich ganz anders verhalten. Die Partner sind nicht so, sie sind so im Kontakt zum Beziehungspartner in Bezug auf bestimmte Themen.

Das Problem wird durch das Zusammenspiel, durch die unbewusste Zusammenarbeit der Persönlichkeitsanteile zweier Partner geschaffen, es ist also ein Beziehungsproblem.

Man kann Beziehungsprobleme aufgrund solcher Reaktionsmuster beschreiben: Ein Beziehungsproblem besteht, wenn die Reaktionen der Partner aufeinander einem festgelegten Muster folgen. Aus dieser Starre gilt es dann auszusteigen.

Wie man das Verhalten des Partners verändert

Entsprechend der beschriebenen Dynamik werden Probleme aufgelöst, indem ein Partner sein Verhalten verändert. Ab diesem Moment ergeben die gewohnten Reaktionen des andere keinen Sinn mehr, er muss sich etwas anderes einfallen lassen. Gelingt ihm das, werden die Karten neu gemischt. Hieraus lässt sich eine sehr belastbare Regel für Beziehungen formulieren. Sie lautet:

Das Verhalten des Partners lässt sich nur über die Veränderung des eigenen Verhaltens beeinflussen.

So bleibt es dabei: Will man vom Partner ein anderes Verhalten, muss man sich an die eigene Nase fassen. In dieser Buch-Reihe werde ich dazu auffordern.

Noch ein Hinweis: Das Buch ist in einen Erkenntnis - und einen Arbeitsteil aufgeteilt. Wer mehr will als lesen, wer mehr über sich herausfinden will, kann an sich selbst arbeiten. Die kleinen Übungen und Anleitungen unterstützen ihn dabei.

Erkenntnisteil

Das Thema Eifersucht spielt in vielen Paarbeziehungen eine Rolle. Entweder sporadisch oder permanent. Eifersucht kann Beziehungen belasten oder sogar zerstören.

Eifersucht ist ein Zustand

Was verstehen wir unter Eifersucht? Eifer wird von seiner Wortherkunft als "heftiges Bemühen" beschrieben, althochdeutsch bedeutet "eiver" das Herbe, das Bittere; während Sucht oder althochdeusch "suht" eine Krankheit oder Seuche meint. Eifersucht wäre demnach eine bittere Krankheit, die von heftigem Bemühen gekennzeichnet ist.

Ich denke, diese Definition beschreibt das Gesamtpaket Eifersucht recht gut. Eifersucht beschreibt einen psychischen Zustand, dessen Merkmale in heftigen Emotionen, körperlichen Schmerzen, quälenden Gedanken, beängstigenden Fantasien und starken Handlungszwängen bestehen.

Das Bemühen der Eifersucht richtet sich auf eine geliebte Person, deren Zuwendung gefährdet zu sein scheint und um die auf vielfältige Weise gekämpft wird. Zu den Emotionen, die Eifersucht begleiten, zählen in erster Linie Angst und Wut. Körperliche Begleiterscheinungen sind Schmerzen in der Bauch- und Herzregion sowie typische Symptome von Angstzuständen wie Zittern, Schlaflosigkeit etc. Die Gedanken des Eifersüchtigen kreisen unablässig um die geliebte Person, sie produzieren bedrohliche Fantasien. Der Zustand Eifersucht ist wirklich alles andere als angenehm.

Auslöser der Eifersucht

Wenn man nach dem Sinn von Eifersucht fragt, bedeutet sie, sich um die Zuwendung einer geliebten Person zu bemühen oder darum zu kämpfen.

Dieses Bemühen fängt sehr früh im Leben an. Kinder zeigen ab etwa dem sechsten Monat Eifersucht in Situationen, in denen sie um die Zuwendung ihrer Bezugsperson fürchten. Ihre Reaktionen reichen dann von Angst bis hin zur Aggression. Die Angst wird in Form von Blicken oder Weinen an die Bezugsperson gerichtet, die Wut richtet sich emotional und körperlich gegen einen Rivalen.

Aus Sicht des Säuglings ist sein eifersüchtiges Bemühen von existentieller Bedeutung, denn ohne die Aufmerksamkeit seiner Bezugsperson könnte er nicht überleben. Seine heftigen Reaktionen sind in den meisten Fällen erfolgreich, sie führen dazu, dass er zusätzliche Zuwendung erhält und damit Empfindungen von Sicherheit und Geborgenheit erfährt.

Da Eifersucht erst im sechsten Lebensmonat auftaucht kann man vermuten, dass es so lange braucht, um ein entsprechendes Deutungssystem für Bedrohung aufzubauen, das in den folgenden Jahren ausgebaut wird. In diesem System bedeutet beispielsweise die Tatsache, dass sich Mutter oder Vater einem anderen Kind zuwenden: Bedrohung. Ein Geschwister erhält viel Aufmerksamkeit bedeutet darin: Gefahr. Die Abwesenheit der Bezugsperson bedeutet: Überlebensangst. Die jeweilige Deutung löst dann ein entsprechendes Verhalten aus.

Die Auslöser der Eifersucht schreiben sich im Laufe des Heranwachsens in das Deutungssystem jeder Person ein, und der Erwachsene hat schließlich ein ausgeprägtes Deutungssystem zur Verfügung, das ihm sagt, was in einer Beziehung bedrohlich für ihn ist. Dieser Zusammenhang zwischen Vorgang und Deutung ist zwar unbewusst, aber das ändert nichts daran, dass er den Sinn herstellt, der sich aus einem Vorgang ergibt. Wird eine Vorgang in das vorhandene Bedrohungssystem eingeordnet, erscheint er automatisch als bedrohlich.

Bedrohung

Im Kontext der Bedrohung bedeutet die Wahrnehmung: "Mein Partner lächelt einer Frau zu" ganz klar: "Er interessiert sich für sie, ich bin in Gefahr." Oder die Wahrnehmung: "Meine Partnerin schaut einem Mann in die Augen" bedeutet: "Sie hat ihm viel zu lange in die Augen geschaut, da läuft bestimmt schon etwas zwischen den beiden." Auch Kleinigkeiten erhalten eine spezifische Deutung. Die SMS ist bestimmt von ihr/ihm. Sonst würde er sie mich lesen lassen! Warum hat er seinen E-Mail-Account mit einem Passwort gesichert? Er hat bestimmt etwas zu verbergen! Er muss länger arbeiten? Das ist doch eine Ausrede, wahrscheinlich trifft er sich mit jemandem! Dienstreise? Von wegen!

Ob ein Vorgang in den Bedrohungs-Kontext eingeordnet wird hängt aber auch davon ab, ob andere Kontexte der Deutung zur Verfügung stehen, die einen anderen

Sinn als wahrscheinlicher erkennen lassen. Als Gegenkontext zur Bedrohung ist hier der Kontext von Selbstsicherheit maßgebend. Je ausgeprägter die Selbstsicherheit ist, über die jemand verfügt, desto eher werden Vorgänge in diesem Licht gedeutet. Dann bedeuten die gleichen Vorgänge - etwa: mein Partner telefoniert angeregt mit jemanden - keine Bedrohung, sondern schlicht: er hat Spaß.

Ob eine Wahrnehmung in den einen oder anderen Kontext eingeordnet wird, hängt in einer Paarbeziehung von unterschiedlichen Bedingungen ab. Beispielsweise vom grundlegenden Ausmaß der Selbstunsicherheit. Ist diese sehr ausgeprägt, muss Eifersucht keinen realen Hintergrund haben, ihre Gründe liegen dann beim Eifersüchtigen selbst. Auch wenn jemand gerade eine schwierigen Phase durchlebt, kann sein Selbstwertgefühl angeknackst sein und er kann zu Eifersucht tendieren. Auch spielt die Kommunikation der Partner eine Rolle. Wenn diese unklar ist, öffnet sich eher ein Raum für ängstliche Spekulationen.

Natürlich besteht auch immer die Möglichkeit einer realen Gefährdung der Beziehung. Beispielsweise, weil der Partner sich für jemand anderen interessiert oder sich sogar auf eine Affäre oder eine Nebenbeziehung eingelassen hat. Dann ist die Eifersucht nicht aus der Luft gegriffen.

In Bezug auf dieses Büchlein gehe ich nicht von einer real begründeten, sondern von einer überzogenen Eifersuchtsreaktion aus. Das Buch wendet sich schließlich an den Partner, der die Klage: "Hilfe, mein Partner ist eifersüchtig" ausruft und der nach Wegen sucht, mit seinem überzogen eifersüchtigen Partner besser umzugehen.

Kann man Eifersucht loswerden?

Um es klar zu sagen: Ja. Die Frage ist allerdings ähnlich der Frage: “Kann man 2.50 Meter hoch springen?” Ja. Aber das kann nicht jeder, und nicht jeder will das können.

Natürlich gibt es Menschen, die Eifersucht überwunden haben. Doch diesen Zustand anzustreben erscheint wenig sinnvoll, weil der Aufwand, den man dafür treiben muss, beträchtlich ist und nur wenigen Menschen als lohnend erscheint.

Formen der Eifersucht

Eifersucht kann sich in verschiedenen Intensitäten bemerkbar machen. Ich unterscheide Eifersucht im Zusammenhang mit Neid, Angst, Regression und Kraft. Allen Formen gemein ist Selbst-Verunsicherung, die sich als Eifersucht bemerkbar macht.

Neidische Eifersucht

Bei neidischer Eifersucht handelt es sich um eine mildere Form der Eifersucht, meist ausgelöst durch Konkurrenz oder Rivalität zu tatsächlichen oder vermeintlichen Mitbewerbern. Die quälende Ungewissheit der Eifersucht zeigt sich in der Frage: “Was hat derjenige, was ich nicht habe?” Meist nährt sich solche Eifersucht aus Minderwertigkeitsgefühlen. Man will auch über das verfügen, was der Rivale vermeintlich hat, um attraktiver für den Partner zu sein. Da man das nicht hat oder nicht zu haben glaubt, soll der Partner unablässig versichern und beweisen, dass man für ihn viel wertvoller ist, als der Rivale das wäre.

Ziel des Bemühens ist es, mehr Aufmerksamkeit und dadurch Bestätigung zu erhalten. Hier zeigt sich eine Abhängigkeit von der Zuwendung des Partners. Wendet er sich zu, ist die Welt in Ordnung, wendet er sich anderen zu, sinkt die Laune und der Ärger steigt. Auch bei dieser milden Form der Eifersucht wird also schon Druck auf den Partner ausgeübt. Etwa, indem man von ihm erwartet, den Rivalen abzuwerten. Oder indem man der Selbstunsicherheit durch verlangte Liebesbeweise entgehen will. Oder indem man miese Stimmung verbreitet, um Zuwendung zu erzwingen.

Ängstliche Eifersucht

Bei Eifersucht in Verbindung mit Angst handelt es sich um eine tiefergehende Form der Eifersucht. Man fühlt sich bedroht und entwickelt die konkrete Angst, den Partner zu verlieren. Diese Angst kann zu verschiedenem Verhalten veranlassen. Dieses reicht von der Anpassung oder Unterwerfung, im Sinne von: "Verlass mich nicht, ich tue alles, damit du bei mir bleibst!" bis hin zu Ärger und Wut.

Ängstlich Eifersüchtige, die ihre Angst vor sich und dem Partner leugnen, entwickeln eher Aggressionen, machen schneller Vorwürfe, greifen an oder leiden demonstrativ. Sie wollen Schuld erzeugen, damit der Partner sich ihren Erwartungen und Forderungen unterwirft.

Abgesehen von den Spannungen, die auf solche Weise verursacht werden, besteht ein Nachteil solch angstbestimmten Verhaltens darin, dass man im Ansehen des Partners sinkt, da man ihm nicht auf Augenhöhe begegnet, sondern sich entweder unter oder über ihn stellt.

Regressive Eifersucht

Dies ist die schmerzlichste Form der Eifersucht. Wer in eine Regression rutscht, verliert die Kontrolle über seine Gefühle und gerät in für ihn unerklärliche und bedrohliche Zustände. Im Kern durchlebt er die Angst, nicht zu überleben, also die Angst des Kindes oder Säuglings. Natürlich ist diese Angst nicht real. Niemand stirbt, wenn der Partner gehen würde. Aber es fühlt sich so an. Man ist in einem Kontext völliger Abhängigkeit gefangen und gerät in Panik.

Wer im Extremfall nächtelang wach liegt, schwitzt, zittert, fantasiert, weint und wütet, der erinnert sich auf emotionale und körperliche Weise daran, wie es als Baby war, sich verlassen zu fühlen. Denn auch wenn ein Säugling nur für Stunden allein war, bedeuteten ihm diese Stunden eine lebensbedrohliche Ewigkeit. Ein Kleinkind hat kein Zeitempfinden. Ist es allein, dann ist es "total" allein, und dagegen wehrt es sich mit aller Kraft. Es kämpft sozusagen ums Überleben.

Auch eine solche starke und offensichtliche Regression wird seltener als eigener Rückfall in kindliche Wahrnehmung begriffen, statt dessen glaubt der Betreffende, die Ursachen seiner Zustände lägen in der Gegenwart, im Verhalten des Partners. Demzufolge macht er dem Partner gehörigen Druck sich so zu verhalten, dass keine Ängste ausgelöst werden. Oder er nimmt innerlich Abstand vom Partner, zieht sich aus der Beziehung zurück, um seiner hilflosen Lage und permanenten Verletzungsempfindungen zu entgehen. Womöglich verlässt der Eifersüchtige seinen Partner, um nicht verlassen zu werden.

Kraftvolle Eifersucht

Eifersucht kann unter Umständen auch positive Wirkungen zeigen und sinnvoll genutzt werden. In dem Zustand Eifersucht verbirgt sich sehr viel Kraft. Mit dieser Kraft kann man entweder zerstören oder Gutes anstellen. Es kommt nur darauf an, ob man die Kraft *gegen den Partner* oder *für sich selbst* benutzt.

Negativ genutzt gerät die Kraft der Eifersucht zur Tyrannei. Der Eifersüchtige kontrolliert den Partner oder wird emotional oder körperlich gewalttätig und schädigt damit der Beziehung. Positiv genutzte Eifersucht dient hingegen dem Aufbau von Selbstsicherheit und der Abgrenzung vom Partner. Sie führt zu mehr Unabhängigkeit. Beispielsweise lautet die Frage dann nicht: "Was hat der andere, was ich nicht habe?" oder "Was muss ich tun, damit der Partner bei mir bleibt", sondern man verkündet: "Wenn ich dir nichts wert bin, dann geh! Ich nehme lieber den Schmerz als die Erniedrigung!"

Angemessene oder unangemessene Eifersucht

Ob und wann Eifersucht als unangemessen oder destruktiv erscheint, muss das Paar beziehungsweise der betroffene Partner beurteilen. Allgemein verbindliche Maßstäbe helfen da wenig.

Blick auf den eifersüchtigen Partner

Wer unter Eifersucht leidet, wird viel tun, um sein Leid zu beenden. Da er fest davon überzeugt ist, der Partner sei die Quelle seines Leidens, weil dieser untreu wäre oder das sein wird, setzen seine Anstrengungen am Partner an. Dieser soll sein Verhalten ändern. Die diesbezügliche Forderung lautet: “Verhalte dich so, dass ich nicht eifersüchtig sein muss!”

Den Partner kontrollieren

Aus der Kraft, mit der diese Forderung vertreten wird, lässt sich das Ausmaß des Schmerzes erkennen, den der Eifersüchtige erlebt. Wenn der Partner sich anders verhalten würde, wäre der Eifersüchtige vor seinen eigenen Ängsten sicher. Also muss er die Kontrolle über das Verhalten des Partners gewinnen.

Entsprechende Forderungen, die mit Druck und viel Kraftaufwand vertreten werden, lauten beispielsweise, der Partner soll:

- niemandem nachschauen und niemand anderen attraktiv finden,

- Rechenschaft ablegen, wo und wie und mit wem er freie Zeit verbringt,

- das Passwort seines E-Mail-Account herausgeben,

- nicht alleine auf Partys gehen,

- ständige Liebesbeweise liefern,

- nicht soviel Zeit am Computer hängen,

- den Kontakt zu bestimmten Personen abbrechen,
- etc.

Der Partner wird verhört, verfolgt, ausgehorcht. Der Eifersüchtige mutiert im Extremfall zum Detektiv, Ankläger und Richter. So wird das Vertrauen auf beiden Seiten beschädigt.

Aber natürlich ist ein Partner schwer zu kontrollieren. Selbst wenn er sich auf bestimmte Forderungen einlässt, lassen sich Ängste und Unsicherheiten nur begrenzt und nur zeitweise beruhigen.

Dramen inszenieren

Verbleibende Ungewissheiten führen dann zur regelmäßigen Inszenierung von Dramen. Dazu gehören verbale Angriffe, Beleidigungen, Verletzungen, Drohungen und teilweise auch körperliche Attacken.

Der Partner wird nicht aus Lust und Laune angegangen, sondern aus Verzweiflung. Das Ziel der Dramen besteht darin, irgendein Zeichen seiner Liebe zu erhalten, das Beruhigung und Sicherheit verschafft. Im Grunde soll der Partner eigenen Minderwertigkeitsgefühle ausgleichen und Selbstzweifel aufheben. Man sucht Selbstsicherheit gewissermaßen außerhalb des Selbst - beim Partner. Auf solche Weise können aber weder Minderwertigkeitsgefühle noch Selbstzweifel beseitigt werden, im Gegenteil nimmt die Abhängigkeit vom Partner weiter zu, was zu einer Intensivierung von Dramen führt.

Diese Inszenierungen führen zu heftigen Konflikten und manchmal zu Versöhnungen, aber die Beruhigung hält nur kurz an. Dann geht alles von vorne los. Natürlich liegt es nicht in der Absicht des Eifersüchtigen, seinem Partner oder der Beziehung zu schaden. Aber darin besteht das Ergebnis seines hilflosen Verhaltens.

Der Partner des Eifersüchtigen ist von dessen Verhalten stark betroffen. Schauen wir uns auch seine Situation an.

Blick auf den von Eifersucht betroffenen Partner

Einen Blick auf die Motive des eifersüchtigen Partners, auf die Formen der Eifersucht und auf die entsprechenden Forderungen und Verhaltensweisen haben wir bereits geworfen. Wenden wir uns nun dem betroffenen Partner zu.

Krankhaft oder nicht?

Der von Eifersucht betroffene rätselt, was mit seinem Partner los ist. Früher oder später fragt er sich, ob sein Partner unter einer krankhaften Eifersucht leidet. Bei dieser Einordnung wird er von vielen Ratgebern unterstützt, wozu ich sagen möchte, dass heutzutage mit dem Begriff Krankheit recht leichtfertig umgegangen wird. Ich finde diese Einordnung auch nur begrenzt sinnvoll. Bestenfalls führt sie dazu, mehr Verständnis für den eifersüchtigen Partner aufzubringen, aber sie kann auch zu Überheblichkeit beitragen und dazu, einen eigenen Anteil am Geschehen zu leugnen.

Beteiligt sein?

Wichtiger als die Eifersucht des Partners als krankhaft zu bezeichnen ist es, sich das eigene Verhalten klar zu machen. Man kann den Partner nicht ändern, man kann sich lediglich zu dessen Verhalten verhalten. Mit anderen Worten: man kann sich mit seinen Reaktionen auf den eifersüchtigen Partner befassen.

Ein Betroffener kann problemlos aufzählen, was sein Partner alles falsch macht. Er kann aber wenig davon berichten, was er selbst falsch macht. Falsch-machen ist hier nicht als objektive Bewertung zu verstehen, sondern als Beschreibung eines Verhaltens, das die beabsichtigte Wirkung verfehlt.

Ich gehe davon aus, dass jeder von grundloser Eifersucht betroffene Partner zumindest insofern an der Situation beteiligt ist, als er sich selbst mittlerweile als hilflos empfindet. Er hat bestimmt schon Einiges ausprobiert, nur hat es keine zufriedenstellende Lösung herbeigeführt. Er hat einfach noch nicht den richtigen - sprich: wirksamen - Umgang mit dem Partner gefunden.

Abhängigkeit auf beiden Seiten

Wenn sich das Thema Eifersucht zu einem Dauerthema entwickelt, wenn es zu regelmäßigen Dramen kommt, wenn es zu Exzessen und emotionaler oder körperlicher Gewalt kommt, dann steht auf beiden Seiten eine vergleichbare Abhängigkeit dahinter.

Von Eifersucht betroffene Partner klagen dann: “Ich leide darunter, ich lasse mir zuviel gefallen, aber ich liebe ihn/sie doch”. Was hier als Liebe beschrieben wird, ist ebensowenig Liebe wie das Verhalten des Eifersüchtigen. Selbstredend empfindet jeder Beteiligte Liebesgefühle, aber Liebe ist mehr als ein Gefühl. Liebe ist auch eine Kommunikation, ein konkretes Verhalten dem Partner gegenüber. In dieser Hinsicht hakt es auf beiden Seiten, jedenfalls dann, wenn das Thema Eifersucht zum Dauerbrenner wird.

Es geht für den betroffenen Partner nun darum, sich mit zweierlei zu befassen. Erstens sollte er feststellen, welche seiner Lösungsversuche nicht fruchten. Zweitens sollte er entdecken, welche anderen Möglichkeiten er noch nicht ergriffen hat und diese auf ihre Tauglichkeit testen.

Versuchte Lösungen

Wer dieses Büchlein in den Händen hält, hat sicherlich schon einige Versuche unternommen, mit der Eifersucht seines Partner umzugehen. Es waren vergebliche Versuche. Schauen wir uns einige solcher typisch vergeblichen Reaktionen an.

Den Partner beschwichtigen wollen

Wer mit Eifersucht und direkten oder indirekten Vorwürfe konfrontiert wird, der ist versucht, diese zu leugnen. Typische Aussagen wären: "Das stimmt nicht, ich habe nicht geflirtet, ich habe mich ganz normal unterhalten" oder: "Ich schaue niemanden nach, das bildest du dir ein."

Unabhängig vom Wahrheitsgehalt solcher leugnenden Aussagen tragen diese selten oder wenn, dann nur kurz, zur Besänftigung des Eifersüchtigen bei. Wenn jemand überzeugt ist, gesehen zu haben, wie man flirtet, dann nutzt es nichts zu sagen, er würde falsch sehen.

Oft verschlimmern solche Beschwichtigungsversuche sogar das Misstrauen des Eifersüchtigen. Denn dieser sieht seine Wahrnehmung in Frage gestellt, wogegen er sich wehrt. Er hat eh schon wenig Selbstbewusstsein, und jetzt soll er auch noch unfähig zu einer richtigen Wahrnehmung sein.

Beschwichtigungen nutzen auch deshalb wenig, weil dadurch nicht nur der Eifersüchtige Forderungen stellt, auch der Beschwichtiger fordert vom Eifersüchtigen etwas. Er fordert direkt oder indirekt Vertrauen, und das tut der Eifersüchtige auch. Nur kann man Vertrauen schlecht fordern, man kann es nur haben.

Beschwichtigungen kann man sich deshalb im Großen und Ganzen sparen.

Dem Partner die Eifersucht ausreden wollen

Wer vom eifersüchtigen Partner mit Ängsten konfrontiert wird, ist versucht, diese als unbegründet darzustellen. Typische Aussagen wären: “Du brauchst doch keine Angst zu haben, ich bin doch treu” oder: “Ich liebe doch nur dich”. Solche Beteuerungen sollen den Partner beruhigen, indem man ihm seine Liebe versichert.

Der Versuch ist jedoch von wenig Erfolg gekrönt. Schließlich macht es keinen Sinn jemandem, der Angst, hat zu sagen, er bräuchte keine Angst zu haben. Ebenso könnte man sagen: “Hör auf zu fühlen, was du fühlst”. Mit seinen Versuchen, die Ängste des Eifersüchtigen wegzureden, geht der Partner zudem nicht auf diesen ein, sondern will sich der lästigen Eifersucht entledigen.

Der eh schon wenig selbstbewusste Eifersüchtige fühlt sich so noch weiter abgelehnt. Er wird aufgefordert, seine Gefühle wegzudrücken, was seine Ängste und sein Misstrauen meist noch verstärkt.

Sich an den Eifersüchtigen anpassen

Wer Angst vor der Angst des Eifersüchtigen entwickelt, tendiert vielleicht dazu, sich dessen Forderungen anzupassen. Dann schränkt man den eigenen Freundeskreis ein, bricht den Kontakt mit Expartnern ab, gibt

Hobbys auf etc. - alles, um seine Ruhe zu haben.

Auf diese Weise unterstützt man die Kontrollversuche des Partners durch eine Art vorauseilenden Gehorsam. So, als ob man ihm alle Steine aus dem Weg räumen möchte. Diese Selbsteinschränkung führt auf Dauer jedoch meist zu einer innerlichen Distanzierung vom Partner, dem man das eigene Rücksichtnehmen übel nimmt. Diese Distanz verstärkt dann wiederum die Ängste und das Misstrauen des Eifersüchtigen.

Am Ende hat alle Selbstbeschränkung mehr geschadet als genutzt.

Verurteilen/Abwerten

Wenn die Eifersucht des Partners die Nerven überstrapaziert, schlagen manche Betroffene um sich und dabei hart zu. Ihre Gegenwehr zeigt sich dann nicht als Selbstbehauptung, sondern als Abwertung des Eifersüchtigen. Die Botschaft dieser Härte lautet: “Lass mich in Ruhe mit deinen Gefühlen. Du gehst mir auf den Geist.”

Der Partner wird als “nicht normal” oder sogar als “krankhaft eifersüchtig” bezeichnet. Damit wird nicht nur das Verhalten, sondern die Person als Ganzes verurteilt. Die Abwertung zielt in die Wunder der Selbstunsicherheit und verstärkt beim Eifersüchtigen den Eindruck, nicht gewollt und nicht geliebt zu sein. Mögliche Drohungen verstärken dessen Verzweiflung noch.

In diese Kategorie fallen auch überhebliche Belehrungen und Analysen über die Gründe der Eifersucht. Der Betroffene spielt sich zu einer Art Therapeut auf und sagt dem Eifersüchtigen, wie er sich fühlen sollte und was er tun sollte. Aber auch das nutzt nichts, weil der Eifersüchtige sich unverstanden und abgewertet fühlt.

Den Partner belügen

Die Angst vor der Angst des Eifersüchtigen und vor seinen Dramen gipfelt in einem fragwürdigen Rettungsversuch des Betroffenen. Aus Furcht vor weiteren Nachstellungen und weiterem Druck fängt er an, den Partner zu belügen. Er will sich Luft und Raum verschaffen, er will sich vor dem Eifersüchtigen schützen, er will, dass Ruhe einkehrt, er will sein Ding machen.

Lügen ist allerdings eine zweifelhafte Strategie, weil Lügen oft kurze Beine haben. Fliegt eine Lüge auf, wird das Ganze nur noch schlimmer, denn jetzt sieht sich der Eifersüchtige in seinen Ängsten und seinem Misstrauen vollständig bestätigt.

Ich meine, damit die gängigsten vergeblichen Umgangsversuche mit einem eifersüchtigen Partner beschrieben zu haben.

Umgang mit eifersüchtigen Partnern

Was nicht klappt, habe ich erörtert. Die meisten vergeblichen Lösungsversuche scheitern, weil man den Partner nicht verändern kann. Man hat aber durchaus die Möglichkeit, sein Verhalten zu beeinflussen: indem man sich zum Verhalten des Partners verhält. Man muss also die eigene Reaktion auf den eifersüchtigen Partner verändern. Man muss etwas ausprobieren, das man noch nicht ausprobiert hat. Das umfasst eine Reihe von Möglichkeiten, von denen ich die meiner Ansicht nach wichtigsten jetzt erörtern möchte.

Die Gefühle des Partners anerkennen

Statt dem Partner seine Gefühle ausreden zu wollen ist es wichtig, diese stehen zu lassen und anzuerkennen, dass sie da sind. Man kann von jemand, der Angst fühlt nicht erwarten, dass er keine Angst fühlt. Man kann ihm auch nicht erfolgreich einreden, er hätte keinen Grund zur Eifersucht. Die Gründe mögen in der Vergangenheit liegen, aber das ändert nichts daran, dass sie beim eifersüchtigen Partner vorhanden sind.

Manchmal glaubt ein Betroffener vielleicht, er würde mehr unter dem Eifersüchtigen leiden als dieser unter seiner Eifersucht. Er hält dessen Verhalten für "übertrieben" oder "Quatsch" oder "Unsinn" oder "unnötig". In dem Fall sollte er sich in den Partner hineinversetzen und die Angst oder Not erkennen, die diesen antreibt.

Der Eifersüchtige fühlt, was er fühlt. Da tut es ihm gut wenn man mitfühlt und anerkennen kann: "Ich sehe, dass du eifersüchtig bist" oder: "Ich verstehe, dass du Angst hast" oder: "Ich sehe, dass du unsicher oder misstrauisch bist." Eine solche Anerkennung sollte allerdings von Mitgefühl getragen sein, so dass sich die Botschaft: "Es tut mir leid, dass du unter diesen Gefühlen leidest" übertragen kann.

Es mag vorkommen, dass Eifersüchtige ihre offensichtlichen Gefühle leugnen, aber das halten sie nicht lange durch. Wenn die Eifersucht bereits zu Problemen in der Beziehung geführt hat, sind sie meist erleichtert über die Möglichkeit, sich zu ihrer Eifersucht zu bekennen.

Auslöser thematisieren

Die Gefühle des Eifersüchtigen anzuerkennen bedeutet nicht, sich für sie schuldig zu bekennen. Man trägt keine Schuld, aber man liefert gewollt oder ungewollt Auslöser für die Eifersucht des Partners. Allein die Tatsache, den Partner zu lieben, kann diesem schon als Auslöser für Ängste dienen. Etwa, weil er in vorigen Beziehungen oder in der Kindheit verlassen wurde.

An den Auslösern der Eifersucht ist man nicht schuld, aber man sollte daran interessiert sein. Die Frage, der man gemeinsam auf den Grund gehen kann lautet: "Was muss ich tun, was muss geschehen, um bei dir Eifersucht, Angst, Misstrauen, Wut etc. auszulösen?"

Das Interesse an Auslösern trägt dazu bei, dass sich der Eifersüchtige ernst genommen fühlt. Zudem entdeckt man womöglich, dass man ungewollt oder unbemerkt zu seiner Verunsicherung beiträgt. Wenn man beispielsweise verspricht, zu einer bestimmten Uhrzeit zu Hause zu sein und regelmäßig später kommt, mag das für einen selbst unbedeutend erscheinen, für den Partner kann es aber große Bedeutung haben.

Auslöser zu thematisieren bedeutet nicht, dass man sich zukünftig so verhalten sollte oder könnte, dass keine Eifersucht mehr ausgelöst wird. Aber die Auslöser zu kennen erleichtert das Sprechen über schwierige Situationen, zudem fühlt man sich weniger von der Eifersucht überfallen, weil man damit rechnen kann, dass sie ausgelöst wird.

Auslöser zu benennen ist gleichbedeutend damit, wunde Punkte des Partners zu erkennen und fördert die Bereitschaft, möglichst rücksichtsvoll mit diesen Empfindlichkeiten umzugehen.

Das störende Verhalten konkret benennen

Ärger über den Eifersüchtigen kann den Partner dazu veranlassen, ihn als Person rundum zu kritisieren. Dann sagt man beispielsweise: “Du bist sowas von nervig” oder: “Du hast Null Selbstbewusstsein” oder gibt andere pauschale Bewertungen von sich. Das ist verständlich, aber dennoch sollte sich Kritik stets auf konkretes Verhalten beziehen. Diese Unterscheidung ist wichtig und diesbezüglich ist Sorgfalt angebracht.

Man kann der Partner klar machen, welche seiner Worte und welches Verhalten bestimmte Gefühle auslösen. Beispielsweise wird Ärger oder Enttäuschung oder Enge oder Beklemmung oder sonst eine unangenehme Empfindung ausgelöst. Nur darf man dem Eifersüchtigen nicht die Schuld an diesen Gefühlen geben, denn er hat sie nicht verursacht, sondern ausgelöst. Nicht desto trotz sollte er wissen, welches Verhalten stört oder nur schwer zu ertragen ist.

Entsprechende Formulierungen könnten beispielsweise lauten:

> "Ich fühle mich ... beschuldigt ... angeklagt ... eingeengt ... Diese Gefühle werden ausgelöst durch dieses oder jenes Verhalten, durch diese Worte oder Sätze."
>
> "Wenn du mein Smartphone kontrollierst, fühle ich mich verfolgt."
>
> "Dass du sauer bist, wenn ich meine Freunde treffe, löst bei mir das Gefühl aus, eingesperrt zu sein."
>
> "Dass du auf meiner Arbeitsstelle anrufst, beschert mit den Spott von Arbeitskollegen, ich empfinde das als einen Angriff in den Rücken".

Ideal ist es, wenn solche Aussagen nicht als Vorwürfe rüberkommen, sondern als Beschreibungen emotionaler Reaktionen. Wie gesagt kann man dem Partner die eigenen Gefühle nicht in die Schuhe schieben. Dass man nicht entspannt und gelassen bleiben kann, ist nicht dessen Schuld, dafür muss man selbst die Verantwortung übernehmen.

Eigenes Leid benennen

Ist ein Partner dauerhaft von störendemVerhalten des Eifersüchtigen betroffen, wandeln sich Ärger oder Enttäuschung in Leid. Dem Betroffenen geht es schlecht. Ein üblicher Mechanismus zur Abwehr von Leid besteht dann in aggressivem Verhalten. Der Betroffene wird sauer auf den Eifersüchtigen. Er schlägt zurück, stößt ihn von sich, wird seinerseits verletzend. Das fördert den Kampf, nicht aber das Verstehen.

Statt aggressiv zu reagieren könnte er dem Partner klar machen, worunter er leidet, was bei ihm Schaden nimmt. Das Vertrauen, die Sehnsucht nach Nähe, die Bereitschaft, sich mitzuteilen. Beispielsweise:

> "Wenn ich mit meinen Freunden ausgehe, habe ich das Gefühl, du sitzt mir im Nacken. Es fühlt sich an, als ob eine Drohne hinter mir herfliegt und jeden meiner Schritte aufzeichnet. Ich verliere jede Unbefangenheit. Damit geht es mir schlecht. Ich verliere die Lust, dir von mir zu erzählen. Ich bin traurig, weil du das nimmt siehst."

Der Eifersüchtige glaubt, der Einzige zu sein, der unter schmerzlichen Gefühlen leidet. Durch diesen Eindruck rechtfertigt er sein Verhalten sich selbst gegenüber. Dabei übersieht er, dass ein Partner ebenfalls Gefühle hat und nicht minder leidet. Insofern ist es falsch, dem Eifersüchtigen den emotionalen Raum zu überlassen. Der Betroffene sollte 50% dieses Raumes für sich beanspruchen. Die Botschaft lautet: Es geht hier nicht nur um dich, sondern auch um mich.

Die Gefühle des Betroffenen können auf diese Weise dazu beitragen, die Ängste des Eifersüchtigen zu "rahmen". Wenn der Eifersüchtige erkennt, dass sein Partner nicht nur ärgerlich oder wütend oder distanziert reagiert, sondern auch traurig, enttäuscht, entmutigt wird, dass er auch leidet, hilft ihm das womöglich, seine eigenen Gefühle statt den Partner zu kontrollieren.

Klarmachen, wo man steht, die eigene Situation verdeutlichen

Starke Eifersucht ist ein dickes Brett, das nur allmählich und in wiederkehrender Auseinandersetzung gebohrt werden kann. Das Tragische für den übermäßig Eifersüchtigen ist, dass er durch sein Verhalten die Zuwendung des Partner sichern will, aber genau das Gegenteil erreicht. Der Partner rückt weg von ihm. Es entsteht innerliche Distanz. Oft bemerkt der Eifersüchtige nicht, dass ein Partner sich entfernt. Insofern ist es hilfreich, diesen Vorgang sichtbar zu machen.

Man kann dem Eifersüchtigen verdeutlichen, wo und wie man inzwischen zu ihm steht. Das geht verbal, indem man die gefühlte Entfernung in Metern angibt und mit dem Abstand vergleicht, der einmal da war. Man kann auch verdeutlichen, an welchem Punkten man sich verschließt oder abwendet. Beispielhafte Worte dafür sind: "Ich merke, wie ich von dir wegrücke" oder: "Ich wende mich allmählich von dir ab" oder: "Nach jeder Szene bin ich ein Stück weiter weg von dir."

Eine Anleitung zum Loswerden geben

Man kann dem Partner auch Beispiele dafür geben, was er tun müsste, wenn er einen loswerden möchte. Natürlich will er das nicht, aber man kann ihm so die Reaktionen verdeutlichen, die wahrscheinlich auf ihn zukommen, wenn er sein Verhalten beibehält. Der Partner sollte allerdings mit dieser provokativen Darstellung einverstanden sein.

Die kleine "Anleitung zum Loswerden" kann beispielsweise Tipps wie diese enthalten:

> “Wenn du willst, dass ich nicht gerne nach Hause komme, dann brauchst du mich nur mit schlechter Laune und Vorwürfen zu empfangen.”
>
> “Wenn du willst, dass ich aufhöre, dir von mir zu erzählen, dann musst du mir nur Szenen machen, wenn dir etwas, das sich sage, nicht passt.”
>
> “Wenn du willst, dass ich mich verschließe, musst du mir weiter erzählen, ich würde dich nicht lieben.”
>
> “Wenn du willst, dass ich dich anlüge, dann musst du mir nur Dinge unterstellen, die nicht stimmen.”
>
> “Wenn du willst, dass du mir gleichgültig wirst, dann musst du besser wissen als ich, was ich warum tue und was ich wieso fühle.”

Diese Tipps sind als Beispiele gemeint. Sie sollten vom Betroffenen konkretisiert werden. Es dauert eine Weile, die konkreten Tipps herauszufinden, die man dem Partner geben kann. Das sind dann die Vorgänge, die einen am meisten betreffen. Der Partner kann auf diese Weise mehr davon erfahren.

Herausfinden, was dem andern helfen würde

Niemand ist gern und freiwillig eifersüchtig, vielmehr leidet der Eifersüchtige unter seinen Gefühlen und Ängsten. Ein Möglichkeit, auf den Eifersüchtigen zuzugehen besteht darin, herauszufinden, was ihm helfen würde. Das kann man in Form eines kleinen Interviews tun. Die Frage ist klar: “Was würde dir helfen, wie müsste ich mich verhalten, damit es leichter für dich wird?”

Ein zentrales Merkmal von Interviews ist es, dass man zu Antworten weder Kommentare gibt noch Kritik äußert. Man ist einfach interessiert und nimmt auf, was geantwortet wird. Bestenfalls fragt man interessiert nach, um Einzelheiten zu erfahren. Es geht bei dem Interview nur darum, zu erfahren, was der Eifersüchtige für hilfreich hält. Es geht nicht darum, dies zu versprechen oder zu tun oder zu kommentieren.

In einem solchen Interview erfährt man einiges, mit dem man vielleicht nicht gerechnet hat. Beispielsweise sagt der Eifersüchtige:

> "Wenn du mich anrufen würdest, auch wenn du nur wenig später kommst, würde mich das beruhigen."
>
> "Wenn du auf Partys ab und zu zu mir kommst und mich anfasst, wäre das toll."
>
> "Du musst mir versprechen, mir zu sagen, wenn jemand anderes Bedeutung für dich gewinnt."
>
> "Wenn du mit niemand sprichst, außer mit mir."

Solche Mitteilungen geben Gelegenheit, das Innenleben des Eifersüchtigen besser kennen zu lernen. Dabei ist wichtig, dass jede Art von Wunsch geäußert werden darf, gleichgültig ob er realistisch oder unrealistisch ist. Beispielsweise ist der letzte Satz: "Wenn du mit niemand anderem sprichst, außer mit mir" nicht realistisch. Das macht aber nichts. Gerade unrealistische Erwartungen können dem Eifersüchtigen helfen. Indem er sie ausspricht, erkennt er klarer, was seine Erwartung für den Partner bedeuten würde. So gewinnt er einen gewissen Abstand zu seinen regressiven Gefühlen.

Feststellen, zu welchem Entgegenkommen ich bereit bin

Wenn eine Reihe von Erwartungen geäußert sind, kann der Betroffene sich dazu äußern, welche Unterstützung er sich vorstellen kann und welche ihm schwer erfüllbar erscheint. Beispielsweise sagt er: “Gut, ich kann auf Partys gern öfter zu dir kommen. Sagen wir, einmal in ungefähr 30 Minuten.”

Die Auseinandersetzung über mögliches Entgegenkommen kann die Vertrauensbasis der Partner stärken. Ein Entgegenkommen muss aber nicht bedingungsfrei geschehen. Es ist völlig in Ordnung, wenn der Betroffene etwas dafür erwartet, was ihm wiederum entgegenkommt. Beispielsweise sagt er: “Aber dann verzichtest du darauf, mir nachzugehen oder SMS zu schreiben.”

Über die Grenzen des Zumutbaren sprechen

Natürlich gibt es auch Wünsche, denen der Betroffene unter keinen Umständen entsprechen will. Für jeden Partner gibt es Grenzen des Zumutbaren, und diese sollte der andere kennen. So kann beispielsweise die Forderung, den Umgang mit Freunden einzuschränken, ein absolutes No-Go für den Betroffenen sein. Dazu muss er sich bekennen, am Besten, indem er klar macht, was dieses Entgegenkommen für ihn bedeuten würde.

Hilfreich ist auch, wenn der Eifersüchtige ebenfalls über die Grenzen dessen spricht, was für ihn zumutbar erscheint. Dabei geht es nicht darum, Lösungen zu suchen. Es geht erst einmal nur um Mitteilungen, um Vorstellungen und Bedeutungen. Es geht sozusagen darum, den Teppich auszurollen, auf dem sich das Gefühlsleben beider abspielt. Wenn sich ein besserer Überblick darüber ergibt, tauchen Lösungsansätze meist von allein auf.

Zu den Grenzen des Zumutbaren gehört jedenfalls jede Erwartung, die auf therapeutische Unterstützung hinausläuft. Der Partner ist kein Therapeut und kann das kaum sein. Insofern ist die Aussage: "Dafür stehe ich nicht zur Verfügung, damit musst du dir anderswo Unterstützung suchen" durchaus angemessen.

Abmachungen zum Umgang mit Gefühlen treffen

Übertrieben eifersüchtig zu sein bedeutet, seine Ängste und das daraus resultierende Verhalten nicht unter Kontrolle zu haben. Das ist für den Eifersüchtigen schwierig, für den Betroffenen ist es das auf jeden Fall.

Man kann Eifersucht nicht abstellen, man kann nicht mutwillig nicht eifersüchtig sein. Aber man kann mit der Eifersucht, also mit den dazugehörenden Gefühlen, umgehen.

Mit Gefühlen umzugehen meint, sie an die Hand zu nehmen. Voraussetzung dafür ist, sie haben zu dürfen. Deshalb ist es gut, wenn die Partner sich darauf einigen, dass der Eifersüchtige seine Gefühle *haben* darf. Allerdings bedeutet das nicht, sie auch hemmungslos ausleben zu dürfen.

Es sind also Abmachungen zum Umgang mit schwierigen Gefühlen angebracht. Solche Abmachungen müssen allerdings konkret sein. Beispielsweise wäre die Abmachung: "Wenn du Angst hast, reiß dich zusammen” unkonkret und kaum durchführbar. Die Abmachung: “Wenn du Angst hast, warte 10 Minuten, dann komm zu mir und sage: Ich habe Angst. Ich nehme dich dann kurz in den Arm. Aber das darf nicht öfter als 3 Mal auf einer Party vorkommen.”

Es versteht sich von selbst, dass beide Partner sich an Abmachungen zum Umgang mit Gefühlen halten müssen. Sollte das schwierig sein, kann man die Abmachungen so anpassen, dass sie handhabbar wird.

Konsequenzen vereinbaren

Man kann die Bereitschaft, sich an Abmachungen zu halten verstärken, indem man Konsequenzen für den Fall vereinbart, dass sich ein Partner nicht an seine Zusage hält. Sein gebrochenes Versprechen soll ihn etwas “kosten”. Der Preis, den er für seinen Vertragsbruch zahlt, soll ihm ruhig ein wenig schmerzen, aber er sollte keine Strafe darstellen.

Konsequenzen müssen genauso sorgfältig und exakt formuliert werden, wie Abmachungen. Beispielsweise: “Wenn du mich nicht in der Arm nimmst, obwohl ich gesagt habe, dass ich Angst habe, dann musst du mich einmal zu meinen Eltern begleiten.”

Damit sie nicht Strafe werden, ist es unerlässlich, sich auf Konsequenzen zu einigen. Einseitig verkündete Konsequenzen sind Strafen, sie sind nicht zielführend, sie verstärken eher Stress und Kampfverhalten.

Wie bei vielen Auseinandersetzungen zählt auch beim Thema Konsequenzen nicht nur das Ergebnis, sondern auch der Prozess. Er trägt zu Verbindlichkeit bei.

Konsequenzen ergreifen

Eifersucht ist ein schwieriges Thema, es hat das Potential, eine Beziehung zu zerstören. Bevor das geschieht, sollte sich das Paar professionelle Unterstützung suchen. Doch dazu sind nicht immer beide bereit, und es ist auch kein Muss.

So ist es hilfreich, auch für den Fall des Falles, wenn die Uhr 5 vor 12 zeigt, Konsequenzen zu vereinbaren. Eine Vereinbarung ist auch hier hilfreich, allerdings können für den Ernstfall auch einseitig Konsequenzen angekündigt werden.

Beispielsweise sagt eine Frau, die von ihrem Partner regelmäßig, wie sie sagt, grundlos "rund gemacht" wird: *"Er entschuldigt sich hinterher immer für sein Verhalten, und dann verzeih ich ihm."* In solchen Fällen wären einseitige Konsequenzen angebracht, denn das Verzeihen wirkt wie ein nachträgliches Einverständnis zum aggressiven Verhalten des Partners.

Die Frau könnte beispielsweise verkünden: "Das nächste Mal, wenn du mich fertig machst, werde ich für einige Tage zu meiner Freundin ziehen. Und verzeihen werde ich dir nicht." Der Partner weiß dann, was auf ihn zukommt. Allerdings sollte man nur Konsequenzen verkünden, die man auch zu ergreifen gewillt ist.

Einseitige Konsequenzen bieten sich grundsätzlich an, wenn vereinbarte Konsequenzen von einem Partner nicht akzeptiert werden. Im Sinne von: "Wenn du dich nicht an unsere Abmachung halten willst, dann ziehe ich meine eigenen Verhaltenskonsequenzen daraus."

Notbremse ziehen - wenn die Eifersucht überhand nimmt

Einseitige Konsequenzen sind auf jeden Fall angebracht, wenn Gewalt ins Spiel kommt, exzessive emotionale Gewalt und natürlich erst recht körperliche Gewalt. Gewalt geht übrigens nicht immer von Männern aus, auch eifersüchtige Frauen sind dazu durchaus in der Lage.

Mit der Androhung oder Anwendung von körperlicher Gewalt ist eine Grenze überschritten. Das hat nichts mit Liebe zu tun, sondern mit Zwang und dem Drang, den anderen zu unterwerfen. Dass etliche Morde aus Eifersucht geschehen, muss nicht besonders betont werden.

Sollte der Eifersüchtige seine gewalttätigen Impulse nicht unter Kontrolle bekommen, könnte eine Konsequenz beispielsweise die sein, die eine Frau gegenüber ihrem Partner ergriffen hat:

> *"Nachdem ich ihm oft verziehen hatte, wenn er mir androhte, er werde meine Wohnung auseinander nehmen, habe ich eine Beratung aufgesucht. Einmal hat er meinen Glastisch mit einer Weinflasche zerschlagen und sich geweigert, meine Wohnung zu verlassen. Da habe ich die Polizei gerufen. Das hat ihn so geschockt, dass er zugestimmt hat, eine Therapie zu machen. Seither reißt er sich zusammen."*

Wer trotz gewalttätigen Verhaltens seines Partners nicht in der Lage ist, entsprechende Konsequenzen zu ziehen, ist selbst ein Fall für eine Therapie. In jedem Fall aber sollte er Selbsthilfegruppen aufsuchen.

Arbeitsteil

In diesem Arbeitsteil können Sie sich auf eine individuelle Weise mit dem Thema Eifersucht befassen und Ansätze für einen veränderten Umgang mit Ihrem eifersüchtigen Partner erarbeiten.

Ich empfehle wärmstens, sich ein "Eifersuchts-Tagebuch" anzulegen. Diese Kladde können Sie auch benutzen, um ausführliche Antworten zu den einzelnen Aufgabenschritten der hier angeführten Übungen aufzuschreiben.

1) Eine nervende oder eskalierende Situation

Befassen Sie sich in dieser Übung mit einer typischen Eifersuchts-Situation, die viele Male so oder ähnlich verläuft. Sinn der Übung ist es, einen klareren Überblick über die Abläufe zu gewinnen, einschließlich der eigenen Beteiligung daran.

1) Beschreiben Sie ausführlich, wie die Situation anfängt. *"Ich bin ..."*

....

....

....

....

....

2) Beschreiben Sie detailliert, wie die Situation sich entwickelt und verläuft. *"Zuerst ... dann ... dann .... etc."*

....

....

....

....

....

3) Beschreiben Sie in wenigen Sätzen, was ganz genau SIE tun. *"Ich sage ... tue ..."*

....

....

....

....

....

4) Beschreiben Sie in wenigen Sätzen, was Ihr Partner tut. *"Er sagt ... macht ..."*

....

....

....

....

....

5) Formulieren Sie jetzt, was Ihr Partner mit Ihnen tut. *"Er greift mich an ... oder ..."*

....

....

....

....

....

6) Formulieren Sie, was Sie mit Ihrem Partner tun. *"Ich schlage zurück ... oder ..."*

....

....

....

....

....

7) Beschreiben Sie, wie die Situation endet. *"Distanz ... "*

....

....

....

....

....

....

8) Beschreiben Sie, wie Sie und Ihr Partner zurückbleiben. *"Ich fühle mich ... ich bin ... Er fühlt sich .... er ist ...."*

....

....

....

....

....

9) Schreiben Sie auf, was Sie Ihrem Partner (innerlich, gefühlsmäßig) unterstellen. *"Er will ... "*

....

....

....

....

....

2) Das eigene Verhalten reflektieren

Jetzt müsste Ihnen das eigene Verhalten etwas klarer geworden sein. Egal, was Ihr Verhalten bewirkt, so steht dahinter ein bestimmtes Motiv. Erforschen Sie nun die hinter Ihrem Verhalten liegende Motivation, die damit verbundenen Überzeugungen und auch die jeweiligen Befürchtungen, die Sie hegen.

Schritt 1: Was tue ich mit meinem Partner?

- Beschreiben Sie Ihr Tun in einem Satz:

....

....

....

....

....

- Beschreiben Sie, was Ihr Verhalten bezwecken soll, was Sie eigentlich beabsichtigen (nicht, was es tatsächlich bewirkt):

....

....

....

....

....

- Schreiben Sie auf, wieso Sie glauben, sich so verhalten zu müssen. *"Ich muss, damit ..."*

....

....

....

....

....

- Schreiben Sie auf, was Sie befürchten, wenn Sie sich nicht so verhalten. *"Ich muss, sonst ..."*

....

....

....

....

....

3) Alternativen zum eigenen Verhalten entwerfen

Schritt 1: Ein neues Verhalten muss her, doch welches? Sie werden einwenden: “Ich habe bereits alles versucht”. Mag sein – alles was Ihnen eingefallen ist. Mehr aber nicht. Es sind andere Verhaltensweisen vorstellbar, die Sie ausprobieren können.

- Lesen Sie die Anregungen aus dem Kapitel “Umgang mit eifersüchtigen Partnern” durch.

- Die Gefühle des Partners anerkennen
- Auslöser thematisieren
- Das störende Verhalten konkret benennen
- Eigendes Leid benennen
- Klarmachen, wo man steht, die eigene Situation verdeutlichen
- Eine Anleitung zum Loswerden geben
- Herausfinden, was dem andern helfen würde
- Feststellen, zu welchem Entgegenkommen ich bereit bin
- Über die Grenzen des Zumutbaren sprechen
- Abmachungen zum Umgang mit Gefühlen treffen
- Konsequenzen vereinbaren
- Notbremse ziehen

- Machen Sie sich klar, welche Anregung aus diesem Teil Sie aufgreifen wollen.

- Schreiben Sie das dazu gehörende Verhalten auf. Es

muss konkret beschrieben sein, was Sie genau tun und wie Sie das tun werden.

....

....

....

....

....

Schritt 2: Befürchtungen bezüglich des neuen Verhaltens

Jetzt ist klar, was Sie ausprobieren möchten. Aber Sie haben vielleicht eine Befürchtung, dass und wie Ihr Partner auf Ihr Verhalten reagieren wird.

- Womit könnte er Sie aus der Spur bringen? Wenn er ....

Schritt 3: Mein neues Verhalten in der Fantasie durchspielen

- Jetzt ziehen Sie sich zurück und durchleben eine Fantasie. In dieser Fantasie stellen Sie sich vor, Ihr Partner würde sich wie befürchtet verhalten. Aber unabhängig davon bleiben SIE Ihrem Verhaltensvorsatz treu und lassen sich nicht davon abbringen.

- Nehmen Sie sich 20 Minuten Zeit für Ihre Fantasie.

> Wie macht man solch eine Fantasie? Am besten geht man an einen ruhigen Ort, macht es sich bequem und schließt die Augen. Dann lässt man einen inneren Film ablaufen, in dem man ähnlich wie ein Regisseur die Darsteller wunschgemäß agieren lässt. Um das Ganze zu erleichtern flüstert man das, was in dem Film geschieht, leise vor sich hin und spricht dabei in

der Gegenwartsform. Also: *"Ich bin .... mein Partner macht ... dann reagiere ich so ... "* Führen Sie die Schilderung detailliert und mit allen Einzelheiten aus! Sie haben Zeit!

- Schreiben Sie nach der Fantasie auf, was gut geklappt hat und was Sie noch üben möchten. Das können Sie mit der nächsten Übung tun.

4) Situationen meistern

- Auf meiner Homepage finden Sie eine Video-Anleitung zum Thema Situationen meistern (http://www.michaelmary.de/videos/015.mp4). Mit der dort gezeigten Übung können Sie entweder Situationen nachbearbeiten, in denen Sie sich nicht optimal verhalten haben oder sich auf Situationen vorbereiten, in denen Sie ein bestimmtes Verhalten zeigen wollen.

- Wenden Sie diese Übung über einen längeren Zeitraum wiederholt an. Sie werden feststellen, dass sich viel verändern lässt, wenn Sie selbst Ihren Vorsätzen treu bleiben.

5) Erfolge bilanzieren

Wenn Sie nicht aufgeben, werden Sie im Laufe einiger Zeit verschiedene Verhaltensalternativen ausprobiert haben. Machen Sie sich nun klar, was gut funktioniert hat, was nicht funktioniert und welches Verhaltensziel Sie für sich weiter verfolgen wollen.

....

....

....

Über den Autor

Michael Mary ist einer der bekanntesten deutschen Paar-, Individual- und Singleberater. Er hat mehr als 36 Bücher geschrieben. Darunter sind einige Best- und Longseller, unter anderem:

- Kann denn Single Zufall sein?
- LiebesGeld - vom letzten Tabu in Paarbeziehungen
- Liebe will riskiert werden
- 5 Lügen, die Liebe betreffend
- Wie Männer und Frauen die Liebe erleben

Für den NDR und SWR führte er etliche Paarberatungs-Sendungen im öffentlich-rechtlichen Fernsehen durch. Er arbeitet in Hamburg, wo er neben Beratungen und Workshops auch Fortbildungen in seiner Methode Erlebte Beratung (http://www.michaelmary.de/methode.htm) durchführt.

Seine E-Books und Bücher hat er thematisch in Reihen (http://www.michaelmary.de/buecher.htm) zusammengefasst:

- Paarberatung
- Hilfe, mein Partner ...
- Singles
- Beratung + Psychologie

- Selbsthilfe
- Soziale Fitness

Viele seiner Bücher sind sowohl als Print und als E-Books erhältlich. Auf seiner Homepage (http://michael-mary.de) finden Sie eine Zusammenstellung seiner Bücher sowie den Zugang zum Shop, in dem neben Büchern und Instrumenten zur Selbsthilfe auch Online-Workshops und Online-Beratung angeboten werden.

Notizen